BAUERLE · SANTORIN

Heidi Bauerle

KochKunstReise

SANTORIN

Rezepte und Bilder
aus der Ägäis

WALTER HÄDECKE VERLAG

ISBN 3-7750-0422-X

Layout und Lektorat: Mo Graff
Reproduktionen: Raff Digital, Riederich
Satz: Rund ums Buch - Rudi Kern, Kirchheim/Teck
Druck: Bräuer, Weilheim/Teck
Printed in Germany 2003

Inhalt

Santorin

ist eine Insel in Griechenland,
und zwar die südlichste in der Gruppe der Kykladen,

eine alte erloschene Vulkanruine mit hohen Klippen,
die wie ein halbrundes Amphitheater im Meer stehen,

ein neuerer Vulkan, der im Zentrum
dieses Amphitheaters mitten im Meer liegt,

eine Insel mit 14 Dörfern, in denen
etwa 8 000 Menschen leben und sich freuen,
dass der Vulkan so friedlich und der Wein so gut ist.

Dieses Buch ist

für alle geschrieben, die glauben, dass es da nur Hot Dogs und Pizzas und Hamburger oder allenfalls noch »Greek Salad« und Mousaka gibt,

für alle, die es besser wissen
und sich gerne daran erinnern wollen,

für alle, die sich nicht nur gerne erinnern, sondern
eventuell auch gerne zum Kochlöffel greifen wollen,

von vielen Einheimischen bereichert,
die dazu beitragen möchten,
dass wir auch gaumenfrohe Erinnerungen
nach Hause tragen,

für alle, die nicht kochen, aber gerne essen
und gerne Bilder anschauen.

Die Rezepte sind für 6 bis 8 Personen berechnet, da auf Santorin die Familien und die Gastfreundschaft groß sind. Die Gerichte sind fast alle gut nachzukochen; manche Zutaten sind außerhalb Griechenlands nicht ohne weiteres zu erhalten. Einige Rezepte sind in ihrer originalgetreuen Übersetzung nur mit ergänzender Phantasie und guten Kochkenntnissen nachzuvollziehen.

Santorin, im Frühjahr 2003

Heidi Bauerle

Vorgerichte

ΜΕΛΙΤΖΑΝΟΣΑΛΑΤΑ ΣΑΝΤΟΡΙΝΙΑ

Πέρνουμε μελιτζάνες μὲ ψαχνό
καὶ τὶς ψήνουμε στὰ κάρβουνα
νὰ μαυρίζουν.

Ἀφαιρόνουμε μὲ κουτάλι
τὸ ψαχνὸ ἀπὸ μέσα.

Τὸ βάζουμε σὲ ξύλινο γουδί,
προσθέτουμε σκόρδο, ἀλάτι,
πιπέρι καὶ τὰ κτυπᾶμε καλά.

Προσθέτουμε ξύδι, μπόλικο λάδι
καὶ δουλεύουμε τὸ μεῖγμα καλά.

Βάζουμε στὸ τέλος καὶ κάπαρι
καὶ ψυλοκομμένη ντομάτα μέσα,
καὶ τὰ ἀνακατεύουμε ὅλα μαζί.

Μαργαρίτα Ρενιέρη,
Εὐαγγελία Καφούρου,
Ἄννα Καφούρου.

MELINZANOSALÁTA
Santoriner AuberginenSalat

Frau Tousi aus Athen hatte sich
im Laden von Margarita
ein paar dicke, fleischige Auberginen
für einen Salat ausgesucht.

»Du legst sie doch auch auf den Grill?«,
fragte Margarita.

»Bis sie schwarz werden!«, sagte Tousi,
»dann schmecken sie so schön geräuchert!
Und dann hol' ich das Weiße
mit dem Löffel raus …«

»Und eines musst du dir merken!«,
sagte Schwägerin Evangelia,
»wenn du es dann mit Salz und Pfeffer,
Knoblauch, Essig und Öl
zum Salat rührst, dann tu' mal
ein paar Löffelchen Kapern
und kleingewürfelte Tomaten hinein!
S' ist eine Wucht!«

»So machen wir hier immer
den Auberginensalat.
S' ist eine Wucht!«, sagte Margarita.

»Eine Wucht!«, sagte auch Frau Anna.

»Aber nicht bei dieser Regierung!«,
sagte Manolis hinter seinen Kartoffeln.

Unter die Rubrik »*Knoblauch für Fortgeschrittene*« fallen die meisten Leibspeisen des ›Barba Artemis‹.
Was aber hinzugefügt werden muss, ist der Hinweis, dass er seiner Leidenschaft nur fern vom vertrauten Heim und seiner lieben Gattin huldigen darf. Also immer dann, wenn er tage- und nächtelang weit draußen auf seinen Feldern, oder im Weinkeller, oder auf Karnickeljagd ist und sich dort im Steinhäuschen eigenhändig bekocht.
Jeder Nachahmer seiner Rezepte sollte daher die Faustregel beherzigen:

> Pro verwendeter *Knolle* halte man einen Kilometer Abstand zu besiedeltem Gebiet– oder man verwende allerhöchstens ein Zehntel der vom Barba empfohlenen Menge.

Dies gilt auch für die von ihm hoch geschätzte Wintersuppe aus Augenbohnen; das sind die kleinen weißen Kerne mit schwarzem Punkt.

MAVROMÍTIKA FASÓLIA
Augenbohnen-Suppe

»Wir tun die Bohnen in einen Topf mit Wasser und bringen sie zum Kochen. Wenn sie aufgewallt sind, schütten wir's Wasser weg und lassen sie abtropfen.
Wir schneiden Zwiebeln fein und auch reichlich geputzte Knoblauchzehen. Dann kommen noch gehackte Tomaten, schwarzer Pfeffer, ein bisschen Lorbeerblatt – natürlich auch Salz – und das nötige Öl dazu.
Wir gießen genug Wasser dran, geben die Bohnen hinein und lassen alles weichkochen. Wenn wir wollen, werfen wir noch eine Hand voll Reis hinein.«
Dazu passen grüne Oliven oder sauer eingelegtes Gemüse, vor allem Auberginen (siehe Rezept Seite 66).

Φασόλια μαυρομάτικα Σούπα

Βάζομε τα φασόλια σε μία κατσαρόλα με νερό και βράζουν όταν πάρουν βράση αλλάζομε το νερό και τα στραγγίζομε. Κόβομε κρεμμύδι φρέσκο σκόρδο και θυμάρι σμένο καρότα σκελίδια ντομάτα ολόφρεσκη ρίζη [illegible] και το αφέτουμενο λάδι ρίχνομε και το ανάλογο νερό και τα αφήνομε να βράσουν. Εάν θέλομε ρίχνομε μία φούχτα ρίζη μέσα. Συνοδεύονται με πράσινες ελιές ή ξυδερά ίδια μεζεδάκια

Αρέμης Ν[illegible]

Von Zeit zu Zeit schippert der Jánnis, der ›Gallís‹, seine Touristen mit dem Kaiki um den Vulkan herum, setzt sie dort Robinson'schen Freuden aus und lehrt sie, eine echte ›Kakaviá‹ eine Fischsuppe, zu kochen.
Und für all diejenigen, die sich, vom Wein und der Hitze übermannt, nur sehr schwach daran erinnern können, hat er die Zubereitung hier noch einmal aufgeschrieben.

KAKAVIÁ, nach Art von Jánnis

Wir brauchen:

Ca. 2 Kilogramm Felsenfische, wie verschiedene Barsche, Drachenkopf, Lippfische, Muräne etc.
1 Tasse Öl
2 mittelgroße Zwiebeln
3 Kartoffeln (auf der Insel nehmen wir eine Sorte, die ziemlich mehlig ist)
3 Karotten
500 Gramm reife Tomaten
1 Stück Sellerie, man kann auch Staudensellerie nehmen
Salz und Pfeffer
Nach Wunsch: Zitronensaft

Wir putzen die Fische und trocknen sie ab. In einen großen Topf gießen wir das Öl, geben die fein geschnittenen Zwiebeln dazu und dünsten sie an. Dann kommen Kartoffel- und Karottenstückchen dazu und das Tomatenfleisch (möglichst ohne die Haut). Wir salzen und pfeffern ein wenig, geben Sellerie zu und lassen alles kurz durchschmoren. Wir gießen 10 Tassen Wasser an und kocheln die Gemüse etwa 10 Minuten darin. Nun kommen die Fische hinein – sie sollten von Flüssigkeit bedeckt sein. Sie garen so lange, bis sie zerfallen. Wir gießen die Flüssigkeit in einen anderen Topf, drücken das Fischfleisch und die Gemüse durch ein Sieb (oder treiben es durch die »Flotte Lotte«) und geben alles zusammen in die Fischbrühe. Vorsicht – dass keine Gräten hineingeraten!
Wir lassen noch einmal aufkochen, servieren im Topf und fügen pro Teller noch etwas Zitronensaft zu.
Gutes Gelingen und guten Appetit wünscht Jánnis, der ›Gallís‹.

… da hat man nun vierzig Tage lang gefastet – auf Ehre und Gewissen! Oder doch immerhin vierzig Stunden lang – auf Ehre und Ge...
also, die letzten vier Stunden ganz bestimmt!
Und dann steigt am Abend des Ostersamstags aus den Häusern ein Duft auf! Also ein Duft ist das …! Mayiritsa ist das!

MAYIRITSA
oder die Österliche Mitternachtssuppe

- Innereien vom Osterlamm wie Leber, Milz, Herz und Lunge
- 4 Esslöffel Öl
- 3 Zwiebeln, fein gehackt
- 1 Liter Fleischbrühe (schon vorbereitet)
- 1 Esslöffel Dill, fein geschnitten
- 2 Esslöffel Reis
- 2 Eier, Saft von 1 Zitrone
- Salz und Pfeffer

Wir waschen die Innereien und überbrühen sie mit kochendem Wasser, das wir nach kurzer Zeit wieder abgießen. Wir lassen sie abkühlen und schneiden sie in kleine (ca. 1 cm) große Würfel. In einem großen Topf erhitzen wir das Öl, dünsten die Zwiebeln darin an und geben die Innereien zu. Wir rösten sie kurz an, rühren dabei gut, damit sie nicht anbacken und löschen mit der Fleischbrühe ab. Wir würzen mit Salz, Pfeffer und Dill und lassen die Suppe bei aufgelegtem Deckel etwa 15 Minuten köcheln. Dann streuen wir den Reis in die Brühe und kochen ihn darin in etwa 20 Minuten weich.
Bevor wir servieren, verquirlen wir in einem Schüsselchen die Eier mit dem Zitronensaft und zwei bis drei Esslöffeln von der heißen Brühe. Damit binden wir die Suppe und erhitzen sie noch einmal vorsichtig bis kurz vor den Siedepunkt.

Santorini 02

Das Tzatziki beurteilt ein Santoriner nach seinen »Wasser-Anteilen«: je flüssiger, desto unwürdiger ist es, seinen Tisch zu zieren. Deshalb muss das Joghurt gut abgetropft sein – am besten in einem Mulltuch, das in ein Sieb gelegt wurde. Und auch die geraffelte Salatgurke wird mit Hilfe einer Suppenkelle in einem Sieb bis auf den letzten Tropfen Gurkensaft ausgepresst. Wenn dann mit Knoblauch großzügig, mit Salz aber ganz sparsam hantiert wurde, dann schmeckt das Tzatziki »télio« – was frei übersetzt etwa »Spitze« bedeutet! Voula Preka macht ihr Tzatziki so:

TZATZIKI

500 Gramm Joghurt
1 schöne Salatgurke
1/2 Knoblauchknolle
2 Esslöffel Öl
1 Esslöffel Essig
etwas Salz und Pfeffer

Das Joghurt lassen wir gut abtropfen.
Die Gurke schälen und raffeln wir und pressen sie aus, bis sie keine Flüssigkeit mehr hat. Wir schälen den Knoblauch und reiben ihn oder pressen ihn durch. Dann fügen wir Öl und Essig, wenig Salz und Pfeffer zu und zuletzt das Joghurt. Wir rühren alles gut durch, decken das Tzatziki zu und stellen es kühl bis zum Gebrauch.

Fischgerichte

Wer, wie Frau Nikie, drei Söhne zu gestandenen Mannsbildern aufgezogen hat, versteht es auch, einen deftigen Imbiss zu bereiten. Was ihre vier Männer mögen sind zum Beispiel:

PSÁRIA XYDÁTA
Sauer eingemachte Fische

Dazu nehmen wir:

1 Kilogramm Gópes (Gelbstriemen – im Geschmack dem Forellenfleisch ähnlich)
500 Gramm Zwiebeln
1 Tasse Öl
Essig nach Geschmack
Salz und Pfefferkörner
Lorbeerblatt, Pimentkörner

Die Fische putzen wir und salzen sie ein. Dann werden die Zwiebeln in Scheiben geschnitten und in Öl weich geschmort. Dazu gießen wir den Essig, geben Salz, Pfefferkörner, Lorbeerblatt und Piment hinein und lassen alles aufkochen.
Dann geben wir die Fische in den Sud und lassen alles auf kleiner Flamme etwa 30 Minuten ziehen.
Dieses Gericht hält sich kaltgestellt einige Tage. Frau Nikie beteuert, dass es nicht nur besonders lecker ist, sondern auch einen gehörigen Weindurst entfacht!

Das Omelette »Gottstehmirbei«

Im Mai, da sprießt auf Santorin
nicht nur Salat und Suppengrün,
auch sonst noch allerlei Gemüse,
erwacht zu frischer Frühlingssüße.

Auch junge Zicklein, alte Böcke,
gar manche Jungfer, mancher Recke.
Und was den einen nicht vom Übel,
gilt nicht zuletzt auch für die Zwiebel,
denn was sie treibt, gleicht einwandfrei,
so diesem Ding »Gottstehmirbei«.

Artémis schneidet diese Dinge
der Zwiebel nun in dünne Ringe
und brät sie in der Pfanne an,
gibt gut geschlag'ne Eier dran,
gewürzt mit Pfeffer und mit Salz,
gerieb'nen Käse ebenfalls.

Das Omelette, das »Gottstehmirbei«,
das Kräfte gibt für mancherlei,
entzückt sie alle, nicht nur ihn,
auch seinen Freund, Herrn Konstantin.
Und er, der alte Sprachen lehrt,
wird dann im ganzen Dorf gehört:
»Artémis! Freund! Zum Wohl und Heil!
Es schmeckt ganz super – affengeil!«

H. Bauerle
9/89

Bei Dorffesten werden auf Santorin gerne marinierte Fische gegessen. Sie werden von den Einheimischen in Mengen am Vortag zubereitet – dann sind sie schön durchgezogen. Die Fische werden auf einer Scheibe Weißbrot zum Wein gereicht. Koula Kafieri bereitet ihre marinierten Fische wie folgt zu:

PSÁRIA MARINÁTA
Marinierte Fische

- 1 Kilogramm Fische wie z. B. Stachelmakrelen
- etwas Mehl zum Wenden
- Öl zum Braten
- 2 große Knoblauchzehen
- frische Rosmarinnadeln – etwa 1 Teelöffel voll
- 1 Gläschen Essig
- Salz und Pfeffer

»Die geputzten und abgetrockneten Fische wenden wir leicht in Mehl und braten sie im heißen Öl rasch braun. Wir nehmen sie aus der Pfanne und legen sie auf die Servierplatte.
Eventuell müssen wir noch etwas frisches Öl nachgießen. Wir geben die geschälten und in feine Scheibchen geschnittenen Knoblauchzehen in die Pfanne mit dem Bratöl, rösten sie an und streuen die Rosmarinnadeln darüber. Dazu gießen wir den Essig, salzen und pfeffern, lassen den Sud aufkochen und halten ihn etwa zwei Minuten am Kochen. Wir gießen den Sud über die Fische und stellen sie bis zum nächsten Tag kühl.«
Am besten schmeckt zum Schluss die verbleibende Tunke, die »Papava«, die mit viel Hingabe und Brot aufgestippt wird.

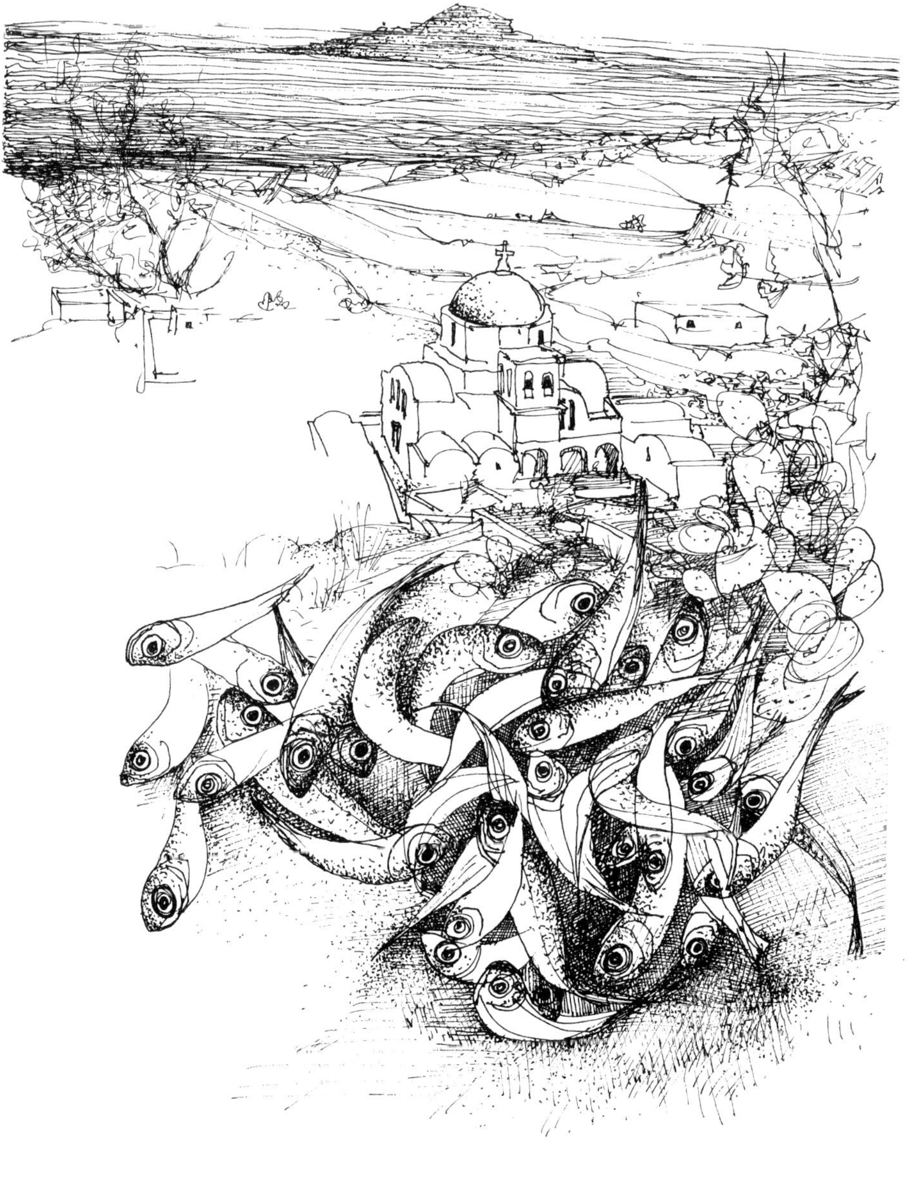

Fischer und Eselstreiber lassen sie sich schon beim Frühstück schmecken ...
Lehrer und Bankangestellte haben sie spätestens auf dem Mittagstisch als Vorspeise oder Beilage stehen ...
Und alle anderen verzehren sie allerspätestens zum Glas Ouzo nach Sonnenuntergang ...
Irini Drósou hält sie für unentbehrlich zum Umtrunk – hier ihr Rezept für

SARDÉLES PASTÉS
Eingelegte Sardinen

2–3 Kilogramm frische Sardinen
grobes Meersalz nach Bedarf
viele, viele Zeitungen
und ein geflochtener Korb

»Wir nehmen drei bis vier Zeitungen, belegen sie dicht mit Sardinen, streuen Salz darüber, wickeln alles zu einer Rolle auf und diese wickeln wir noch einmal dick in Zeitungspapier. So verfahren wir mit allen Sardinen. Dann schichten wir alle Lagen in einen großen Korb und stellen ein Abtropfblech darunter. Nun stehen die Sardinen etwa 10 bis 15 Tage im Kühlen.
Wir nehmen die Fische aus dem Zeitungspapier, spülen sie in reichlich frischem Wasser ab, entfernen Köpfe und Eingeweide und legen die Sardinen auf Tellerchen.
Die Fische beträufeln wir mit Olivenöl, etwas Essig und belegen sie mit feinen Knoblauchscheibchen.«
Zur Lektüre empfehlen sich frische Zeitungen, zum Umtrunk Ouzo mit viel Wasser.

H. Baeuerle
SANTORIN 83

Wenn die Fischhändler ins Dorf kommen, dann halten sie auch vor Eleni's Taverne und preisen ihre Ware über den Lautsprecher:
»FRISCH!!!«, rufen sie, »FRISCHEN FISCH!!!«, und wenn die Hausfrauen zögern: »LEBENDEN FISCH! TOTAL LEBENDEN FISCH!!!«
Das stimmt natürlich nicht ganz. Was würde Eleni auch mit einer lebenden Muräne anfangen? Aber frisch ist sie und so wird sie von Frau Eleni zubereitet:

SMÉRNA / Muräne im Topf

»Also, wir schälen reichlich Zwiebeln und schneiden sie in Scheiben.
In einen Topf geben wir ordentlich viel Öl, stellen ihn aufs Feuer und dünsten die Zwiebeln an.
Dann legen wir die geputzte Muräne in Portionsstücken in den Topf. Wir gießen ein Glas Essig dazu, oder weniger, oder mehr, je nachdem, wie viel Fisch wir haben. Und dann noch so viel Wasser, wie wir brauchen, damit die Stücke bedeckt sind.
Dann lassen wir alles schön mit Pfeffer und Salz gewürzt weichschmoren.«
Und Frau Eleni wünscht ihren Gästen einen gesegneten Appetit.

Wenn die Fischhändler um zehn Uhr morgens ihre Ware auf dem Marktplatz von Firá feilbieten, wird sie von der herbeiströmenden Menge wortreich und handgreiflich begutachtet.
Frau Kalliopi Dakotrou mit ihrer Taverne ›Nikolas‹ hatte es ganz einfach: sie schlug zu, indem sie sich aus dem Küchenfenster lehnte.
Bei Rochen zum Beispiel:

SELÁCHI ME SKORDALIÁ
Gebratener Rochen mit Knoblauchcreme

»Ein Kilo Rochenflügel, von dem die Haut abgezogen ist, schneiden wir in Scheibchen. Diese wenden wir in Mehl und braten sie bei starker Hitze (ohne Salz). Zu dem Öl, in dem gebraten wurde, geben wir Essig, und zwar im Verhältnis: eine Tasse Öl – eine halbe Tasse Essig.
Wir lassen's aufkochen und gießen's über den Rochen.

Knoblauchcreme

- 5–10 Knoblauchzehen
- 300 Gramm Brotkrumen, eingeweicht in Wasser, gut ausgedrückt
- 1/2–1 Tasse Öl, Essig und Salz

Wir zerreiben den Knoblauch mit etwas Salz zu einer Paste und geben unter Stampfen nach und nach die Brotkrumen dazu, bis sie sich verbinden. Wir gießen ganz langsam das Öl und ein bisschen Essig dran. Ich empfehle einfach so viel Öl und Essig zu nehmen, wie Sie mögen, und so viel Salz, wie nötig – und nun guten Appetit!«

Antonis, genannt der ›Pate‹, ist mit Leidenschaft dem Fischfang verfallen. Hin und wieder allerdings gilt seine Liebe auch dem Instandsetzen schöner, alter Inselhäuser – und dieser Zwiespalt plagt ihn sehr …
Er bekämpft ihn mit Knoblauch, den er wie Konfekt verzehrt. Gelegentlich hat er noch eine dritte Leidenschaft: er kocht, besonders gern dann, wenn die Zutaten vorzugsweise aus Fisch und Knoblauch bestehen...
Sein »Savrídia Plaki« enthält beides:

SAVRÍDIA PLAKÍ

Stöcker aus dem Ofen

»Also, wir nehmen zwei Zwiebeln und eine Knoblauchknolle – eine besonders große bitte – und die schneiden wir klein. Dann dünsten wir Zwiebeln und Knoblauch in Öl gut an. Dann gießen wir ein kleines Glas Wein daran und geben einen Esslöffel Tomatenmark zu. Das lassen wir eine Viertelstunde leise kochen.
Dann nehmen wir 1 Kilogramm Stöcker, das sind Stachelmakrelen, bei uns: Savrídia, und putzen sie. Die Fische legen wir in eine flache, feuerfeste Form, gießen die Zwiebel-Knoblauchsoße darüber und schieben sie für eine Stunde in den mittelheißen Backofen (ca. 150–175 Grad).
Ach, beinahe vergaß ich – die Soße muss natürlich noch gesalzen und gepfeffert werden. Und der Wein muss ein guter Rotwein sein …«

Αντονιος Πρέκας
ΗΜΕΡΟΒΙΓΛΙΟΝ
SANTORINI

»Santoriner Hummer« nennen die Inselbewohner den Stockfisch, den »Bakaliáros« wenn er weißfleischig und gut gewässert roh vor ihnen auf dem Teller liegt.
Dem ›Barba Artémis‹ schmeckt er besonders gut bei den winterlichen Kirchweihfesten, wenn er heiß und dampfend in einem großen Kessel mit Kartoffeln zubereitet wird. Diese Arbeit übernehmen meist die Männer – das anschließende Essen und Austunken der Soße begleiten in manierlicher Kürze die Frauen.
Artémis Nomikós gibt hier »sein« Rezept preis:

BAKALIÁROS ME PATÁTES
Stockfisch mit Kartoffeln

»In einem großen Topf braten wir zwei große, in Würfel geschnittene Zwiebeln in etwas Fett an. Dann geben wir soviele Kartoffelschnitze dazu, wie wir brauchen, um viele hungrige Mäuler zu stopfen. Die Kartoffelstücke sollen etwas Farbe annehmen, bevor wir Tomatenpüree – frische Tomaten sind besser –, ein paar klein gehackte Knoblauchzehen, Salz und Pfeffer und natürlich auch etwas Wasser zugeben, damit uns nichts anbrennt.
Und wenn nun die Kartoffeln halb gar sind, legen wir vom gut gewässerten Stockfisch Portionsstücke darauf. Darüber streuen wir noch gehackte Petersilie und dann lassen wir den Kessel solange auf dem Feuer, bis alles gar ist, und verteilen den Stockfisch auf Näpfe.«

Βακαλιάρος μὲ πατάτες

Σαί μια κατσαρόλα τσιγαρίζομε δυο κρεμμύδια μεγάλα και τότε
ρίχνομε και τις πατάτες να σοτεριστούμε βάζομε την τομάτα
[illegible] και αλάτι και λίγα σκελίδια σκόρδο και όταν
μισομαγειρευτού η πατάτες τότε θέτουμε ώρεσα το βακαλιάρο
κομμένο μερίδες και λίγο μαϊντανό από πάνω
το αφίνης στη φωτιά έως να μαγειρευτού
καλά και το
σερβίρομε

Με καλή όρεξη

Αρτέμιος Νομικός

»Nein, welch schöne Palamída!«, rief die alte Maroulía aus, als Vangelía einen respektablen Thunfisch vor ihrem Haus putzte. »Sauer, mit Zwiebeln – nix anderes machst du daraus!« Dann kam Thanássis an seinem Krückstock vorbeigehumpelt und schnupperte: »Nein, welch schöne Palamída! Du weißt doch hoffentlich: – Nur gebeizt, nur so: roh gebeizt, mit Kräutern, musst du sie zubereiten!« Aber Vangelías Mann und ihre Zwillinge mögen den Thunfisch am liebsten so, wie jetzt beschrieben:

PALAMÍDA STO FOÚRNO
Thunfisch aus dem Ofen

1 1/2 Kilogramm Kartoffeln
1 große Zwiebel
einige Knoblauchzehen nach Geschmack
1 Bund Petersilie
Saft von 2 Zitronen
Maisöl, Salz und Pfeffer, Oregano
und 1 schöner frischer Thunfisch, geputzt und vorbereitet

»Wir schneiden die geschälten Kartoffeln in mundgerechte Stücke und verteilen sie auf einem Backblech mit hohem Rand. Die Zwiebel und die Knoblauchzehen schneiden wir in feine Scheiben und verteilen sie mitsamt der fein geschnittenen Petersilie auf den Kartoffeln. Dann mischen wir Zitronensaft mit Öl, würzen mit Salz und Pfeffer und Oregano (der frische vom Eliasberg ist am besten). Diese Soße gießen wir über die Kartoffeln und schieben das Blech in den Backofen (bei ca. 175 Grad). Wenn die Kartoffeln halb gar sind, legen wir den Thunfisch dazu. Wir wenden ihn ein wenig in der Öl-Zitronen-Soße, damit er nicht austrocknet, und garen in ungefähr einer Stunde alles zusammen. Dazu geben wir einen großen Korb mit Brot und viel Wein ...«
»... pass' auf die Zwillinge auf – sie süffeln zu viel!«

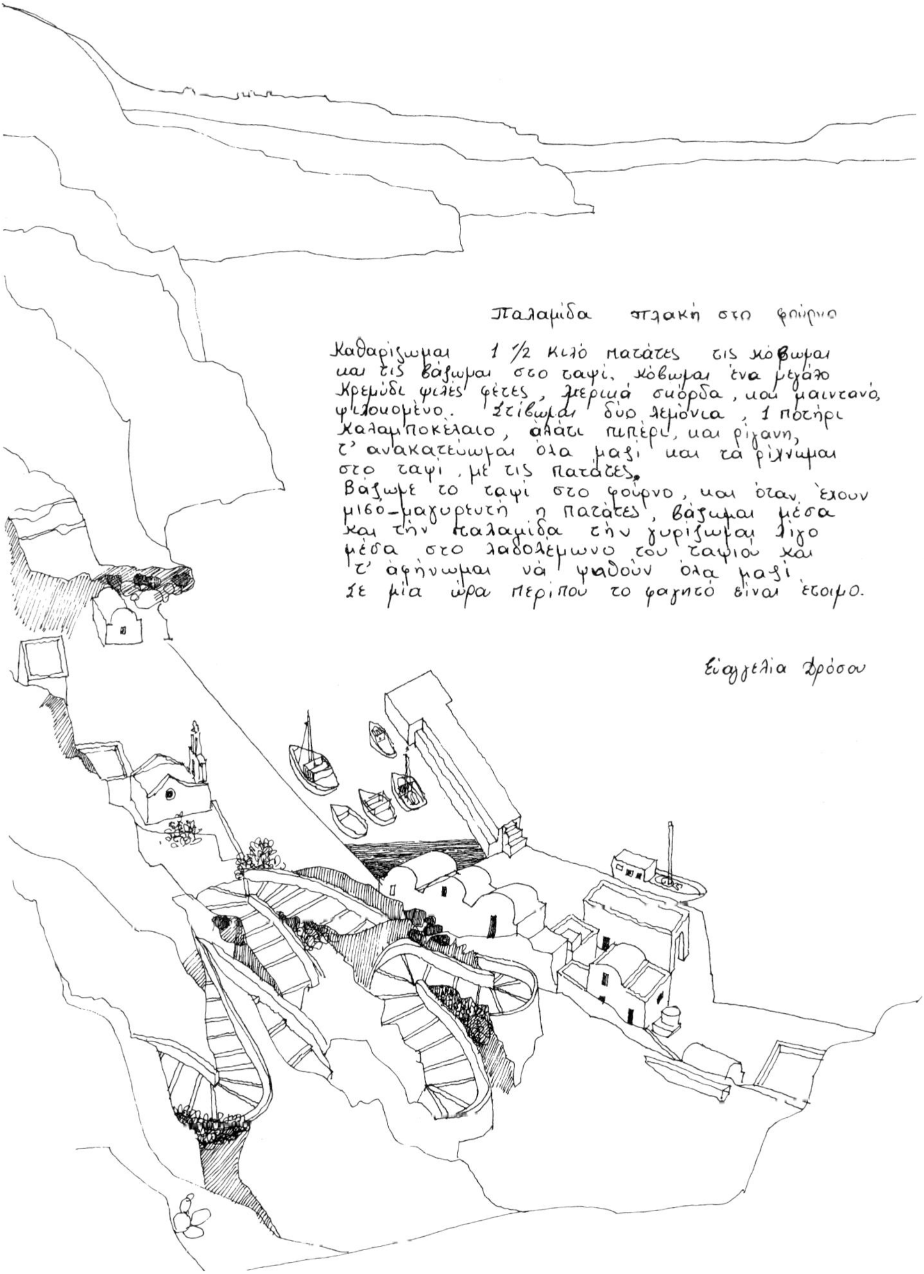

Παλαμίδα πλακή στο φούρνο

Καθαρίζωμαι 1 ½ κιλό πατάτες τις κόβωμαι
και τις βάζωμαι στο ταψί. κόβωμαι ένα μεγάλο
Κρεμύδι ψιλές φέτες, μερικά σκόρδα, και μαιντανό,
ψιλοκομένο. Στίβωμαι δύο λεμόνια, 1 ποτήρι
καλαμποκέλαιο, αλάτι πιπέρι, και ρίγανη,
τ' ανακατεύωμαι όλα μαζί και τα ρίχνωμαι
στο ταψί, με τις πατάτες.
Βάζωμε το ταψί στο φούρνο, και όταν έχουν
μισο-μαγυρευτή η πατάτες, βάζωμαι μέσα
και την παλαμίδα την γυρίζωμαι λίγο
μέσα στο λαδολέμωνο του ταψιού και
τ' αφήνωμαι νά ψηθούν όλα μαζί
Σε μία ώρα περίπου το φαγητό είναι έτοιμο.

Ευαγγελία Δρόσου

ΓΑΡΙΔΕΣ ΣΑΓΑΝΑΚΙ

Πέρνεις 4 - 6 γαρίδες μεγάλες — 8 ἑκατοστῶν περίπου — καὶ τὶς βράζεις στὸ νερὸ μὲ λίγο ξύδι. Τὸ νερό, τὸ πετᾷς ὕστερα.
Μετὰ τρίβεις ἕνα κρεμμύδι καὶ δυό μεγάλες ντομάτες φρέσκες.
Βάζης λάδι στὴν κατσαρόλα καὶ σωτάρεις τὸ κρεμμύδι, ρίχνεις καὶ τὴν ντομάτα καὶ τ' ἀφήνεις 10 λεπτὰ νὰ 'βράζουν σὲ σιγανὴ φωτιὰ καὶ τ' ἀνακατεύεις συνεχῶς.
Μετὰ ρίχνεις 80 γρ. φέτα τριμμένη μέσα καὶ ἀνακατεύεις ἕως νὰ λιώση τὸ τυρί.
Πέρνεις ἕνα πήλινο πιάτο καὶ βάζεις τὶς γαρίδες μέσα.
Ρίχνεις τὴν σάλτσα ἀπάνω καὶ τ' ἀφήνεις λίγα λεπτὰ στὸ φοῦρνο νὰ ψηθῆ καὶ νὰ πάρη λίγο χρῶμα.

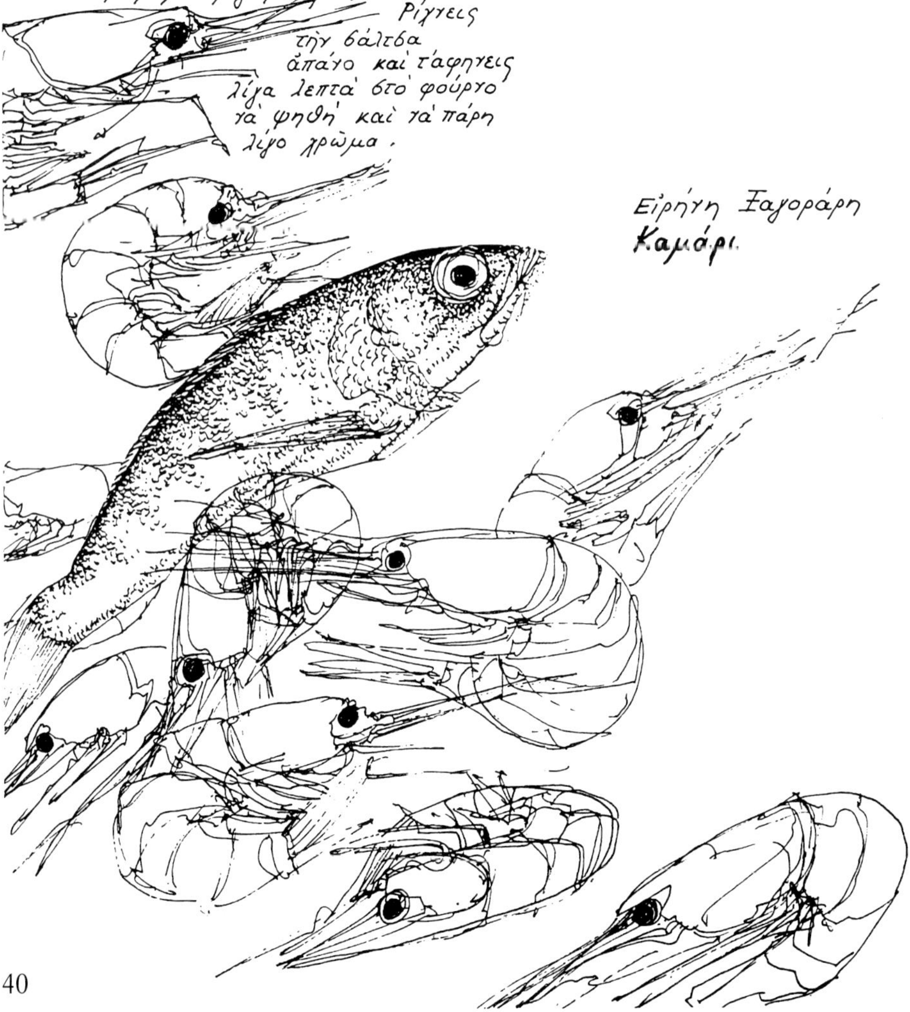

Εἰρήνη Ξαγοράρη
Καμάρι

Als es am Strand von Kamari nur eine einzige kleine Kneipe gab, da bekochte Irini schon ihre damaligen Gäste: die Einheimischen. Als der Strand langsam zugebaut wurde, da bekochte sie immer noch ihre Gäste: Filmleute und bayerische Ministerpräsidenten.
Und heute hilft sie manchmal noch ihrem Schwiegersohn, der das ausgebaute Restaurant führt.
Fragt man sie: Was hat denn nun der bayerische Ministerpräsident gegessen? Also – Hummer – Filets ... und als Vorspeise:

GARÍDES
Irinis Scampi

»Jetzt pass auf, du kochst pro Person 4–6 schöne Scampi – so etwa 8 cm lang – in Essigwasser, das Du hinterher weggießt.
Capito? Und dann reibst du für jede Portion eine Zwiebel und zwei große Tomaten (die schneidest du mitsamt der Haut klein). Dann tust du Olivenöl in einen Topf, schwitzst darin die Zwiebel an, dann kommen die Tomaten dazu und das alles lässt du 10 Minuten lang sanft kochen, ... und rührst es gut durch – Capito?
Dann kommen pro Kopf 80 Gramm zerkrümelter Feta-Käse hinein und du rührst wieder, bis er sich aufgelöst hat.
Wenn du ein flaches Tonpfännchen hast, dann legst du jetzt die Scampi hinein, gießt das Sößchen darüber und lässt alles ein paar Minuten im Backofen überkrusten. Capito?«

Fleischgerichte

Frau Eleni kocht für ihre Gäste noch eigenhändig in ihrer Taverne.
Eine ihrer Spezialitäten ist das

KOUNÉLI STYFÁDO
Hauskaninchen mit Schalotten

Sie beschreibt es so:
»Das Kaninchen nehmen wir aus, und waschen's in reichlich Wasser.
Dann braten wir es in viel Öl an, nachdem wir es mit Knoblauchzehen gespickt haben, die in Salz und Pfeffer getaucht worden sind.
Dann putzen wir eine schöne Menge Schalotten, die wir zusammen mit dem angebratenen Karnickel und dem Öl in einen ordentlich großen Topf füllen.
Es kommt noch Tomate hinein (frisch oder Mark), Piment, Salz und Lorbeer. Pfeffer auch.
Und dann begießen wir's mit Wein und Wasser und lassen's weichkochen.«
Frau Eleni serviert dazu immer Pommes frites aus ihren frischen Kartoffeln, die dick und knusprig eine Delikatesse sind.

»Oh Herrgöttchen!«, sagte Stella, die junge Bäuerin, »lieber drei Karnickel essen, als eines beschreiben! Oh heilige Madonna! – Geschrieben hab' ich doch seit meiner Schulzeit nimmer!
Oh heiliger Sankt Chrysóstomos!
Du Tröster aller Hausfrauen ...!« ... aber dann schrieb sie doch:

KOUNÉLI ME KREMMÝDÍA
Kaninchen in Zwiebelgemüse

»Zu den Zwiebeln geben wir ein bisschen Öl – und dann auch das Kaninchen zum Anbraten hinein.
Dann geben wir den Pfeffer dazu und auch verschiedene Gewürze. – Und dann, wenn's eine Zeit lang gedünstet hat, tun wir Tomate dran und lassen's schön weich werden.
Wenn's dann fix und fertig ist, löschen wir's Feuer und dann machen wir, was wir wollen, damit ...«

Liebe Freunde von Kaninchenbraten, – bei diesem Rezept ist Ihre ganze Phantasie und Kochkunst gefragt – oder Sie besuchen Stella und kosten ihr Kaninchen an Ort und Stelle!

Τό κουνελη ετοιμαζω μέ τά
κρεμιδια βαζομαι λιγο λαδι και
βαζομαι τό κουνελι να τσιγαριστη
μετα ριχνωμε μεσα το ωερερι
τό διαφορα μυροδικα
και μετα όσα
ωρα μερηκε

ψραση βαζομαι
τά ντοματα
καί το αφινομαι νά
μαγιρευτη καλα οτα
τελιωση και ειναι ετιμο
το σερνομαι και κονομαι
μετα ότι θελομαι

Στέλλα Χάλαρη

Ein Mensch, der seinen eigenen Wein anbaut, der hat gewöhnlich dazu auch sein eigenes Gemüse. Der ›Barba Artémis‹ auch.
Nur aus seinen Zwiebeln kann heute niemand mehr ein so gutes Gericht machen wie seine selige Oma. Er glaubt, sich zu erinnern, wie sie es machte …

KREMMÝDÍA YEMISTÀ
Zwiebeln, gefüllt mit Schweinefleisch

»Wir kochen also die Zwiebeln in einem Topf und achten darauf, dass sie schön groß sind. Sobald sie halbwegs gar sind, nimmst du den Topf vom Feuer und holst sie nacheinander raus. Dann machst du die Füllung: dazu musst du eine Zwiebel klein schneiden und hell anschwitzen. Dazu gibst du dann Schweinefleisch, das du vorher in winzig kleine Stückchen geschnitten hast. Und wenn das ein bisschen mitgeröstet hat, gießt du Soße (aus Tomaten und Wasser) dazu und lässt alles gut durchkochen.
Dann kommt Reis hinein, so viel, wie die Soße eben braucht. Salz und Pfeffer und ein bisschen geriebener Käse müssen auch noch hinein. Und wenn der Reis dann so etwa zu dreiviertel fertig ist (ein schöner, dicker Brei), dann nimmst du den Topf wieder vom Feuer und füllst die Zwiebeln (ein paar Ringe davon müssen natürlich vorher raus). Dann setzt du die Zwiebeln vorsichtig in einen Topf (wieder mit ein paar Löffeln Soße dran), stellst den Topf wieder aufs Feuer und lässt alles zu Ende schmoren. Du probierst, wann es fertig ist, und dann nimmst du den Topf wieder vom Feuer.« Dazu wünscht guten Appetit der Artémios Nomikós.

ΚΡΕΜΙΔΙΑ ΓΕΜΗΣΤΑ ΜΕ ΧΗΡΟΙΝΟ

Βράζομε τὰ κρεμμύδια σὲ μιὰ κατσαρόλα προσέχομε νὰ εἶναι
λίγο μακρουλά ὅταν βράσουν λίγο τὰ κατεβάζομε καὶ τὰ βγάζομε
ἕνα ἕνα κατόπιν φτιάχνομε τὴ γέμιση κόβομε ἕνα κρεμμύδι
ψιλὰ κομματάκια τὸ τσιγαρίζομε ὅταν ροδίσει κόβεις τὸ χοιρινὸ
ψιλὰ κομματάκια τὰ ρίχνεις μέσα μαζὶ καὶ τὴ σάλτσα καὶ βράζουν

ὅταν βράσουν λίγο ρίχνεις τὸ αλεσμένο
ρύζι πιπέρι ἁλάτι καὶ λίγο τυρὶ ξυσμένο
ὅταν βράσουν για λίγο ὅλα μαζὶ τὰ κατεβάζεις ἀπὸ
τὴ φωτιὰ καὶ γεμίζεις τὰ κρεμμύδια ἕνα ἕνα τοποθετώντας
σὲ μιὰ κατσαρόλα προσεκτικὰ καὶ τὰ βάζεις πάλι
στὴ φωτιὰ σὲ χαμηλὴ ἔνταση καὶ ἀφοῦ σιγοψηθοῦν
τὰ κατεβάζεις καὶ καλὴ ὄρεξη

Ἀρτέμιος Νομικός

Ματιές

[illegible] ἀπὸ τὸ χασάπη ἔντερα χοιρινά τὸ πλένουμε καλά κατόπι βάζουν κρεμμύδι κομμένο ψιλό μαζί κόβουμε συκώτι κομμένο ψιλό καὶ τὰ τσιγαρίζουμε μαζί. Μετὰ βάζουμε ρύζι, αλάτι, πιπέρι καὶ τυρί τριμμένο καὶ λίγη ντομάτα κάτοπι, περνοῦμε τὰ ἔντερα καὶ τὰ γεμίζουμε μὲ τὸ μίγμα πού ἔχουμε κάνει μὲ τὸ ρύζι καὶ ἀφοῦ τὰ γεμίσουμε δένουμε τὶς ἄκρες τῶν ἐντέρων καὶ τὰ βάζουμε στὴ κατσαρόλα καὶ βράζουν

καὶ ὅταν βράσουν τὰ βγάζουμε κι τὰ βάζουμε στὸ τηγάνι καὶ τηγανίζουνε ἀφοῦ προσθέσουμε καὶ βούτυρο καὶ εἶναι ἕτοιμα. Ευαγγελούδη

Was dem Barba Artémis seine Zwiebeln, das sind seinem Busenfreund Evángelos, der kein Äckerchen hat, seine Reiswürste, »Ematiés« genannt. Seine Frau, die genau weiß, wie sie gemacht werden, hat ihm das Rezept diktiert – weil er so schön schreibt:

EMATIÉS
Reiswürste

»Wir lassen uns beim Metzger ein paar Schweinsdärme geben und waschen sie gut. Dann nehmen wir Zwiebeln und schneiden sie ganz, ganz klein. Leber nehmen wir auch – klein geschnitten – dazu. Dann rösten wir beides in Öl an und tun auch Reis dazu. Dann noch Salz, Pfeffer, geriebenen Käse und ein bisschen Tomate (klein geschnitten).«

Jetzt muss alles zu einem dicken Brei kochen, der Reis soll nicht ganz gar sein – bevor Herr Evángelos weiterberichtet.

»Wir nehmen die Därme und füllen sie mit der Mischung, die wir aus dem Reis gemacht haben. Die Darmenden binden wir zu.

Dann tun wir alles in einen (großen) Topf und kochen's in Salzwasser. Und wenn dann die Würste gar sind, nehmen wir sie aus dem Topf und braten sie in einer Pfanne mit Butter fertig.«

»Das Rezept von der Oma. Das mit den Wachteln ...«, sagte der Herr Evángelos zu seiner Frau, »wie ging das doch gleich?«

»Ach – ist doch einfach«, sagte Frau Maro.

»Schreib!«

... und der Herr Evángelos schrieb:

ORTÝKIA PITARÍDIA
Wachteln mit Knödelchen

»Also, wir kochen die Wachteln.
Und solange sie kochen, nimmst du etwas von der Brühe und knetest sie mit Mehl zu einem Teig, in den auch noch geriebener Käse reinkommt und Minze und Salz und Pfeffer.
Wenn das alles so verknetet ist, machen wir runde Bällchen draus. Der Teig muss eben schön fest sein.
Und die Knödelchen kochen wir nun zusammen mit den Wachteln in der Brühe gar.
Dann nehmen wir sie runter vom Feuer.
Und dann: Guten Appetit!«

Als die fliegenden Händler ins Dorf kamen, kaufte Mama Eléni das »Klassische Kochbuch der Griechischen Hausfrau« als Verlobungsgabe für ihre Tochter und erklärte ihr:
»Jungvermählte mögen Rebhühner und Schnepfen. Gestandene Ehepaare essen Rindfleisch mit Kartoffeln oder Saubohnen oder schöne Knoblauchspaghetti. Und wenn's dann da und dort mit dem Reißen anfängt, dann tut noch allemal ein kräftiges Rindfleischsüppchen oder ein Milchreis Wunder!«
Mama Elénis Rezept:

PÉRDIKES I BEKÁTSES

Rebhühner oder Schnepfen

»Wir sengen sie ab, nehmen sie aus, waschen sie und lassen sie gut abtropfen. Dann reiben wir sie mit Salz und Pfeffer ein. In einem Topf zerlassen wir die entsprechende Menge Butter und braten die Rebhühner darin an.
Wir geben die Leberchen fein gehackt dazu und löschen alles mit dem Saft einer Zitrone (recht langsam, dass er verdampfen kann) und mit einem Gläschen Weißwein ab. Dann gießen wir noch eine Tasse voll warmem Wasser nach und lassen bei kleiner Hitze solange schmoren, bis die Rebhühner gar sind.
Wir servieren sie auf einer Platte mit der feinen Soße.«

Es gibt vier Anlässe für einen ›Athener‹ Santoriner, die alte Heimat hin und wieder zu besuchen:
das Osterfest, die Sommerferien, die Wahlen oder das Heimweh. Der Herr Kosmas schätzt jeden Anlass.
Aber an Ostern, da macht er nicht nur einen Besuch, sondern auch einen Braten.
Das heißt: er verschnürt ihn höchstpersönlich selbst.

EXOCHIKÓ ARNÍ
Ländliches Lammpäckchen

Er nimmt:

eine Lammkeule
Kefalotyri (würziger Hartkäse)
Salz, Pfeffer und etwas Öl

»Mit einem spitzen Messer schneiden wir winzige Taschen in die Lammkeule, die wir mit Salz, Pfeffer und kleinen Stückchen Käse spicken, (wenn wir's mögen, tun wir auch Knoblauchzehen rein). Wir reiben die Keule mit Öl ein und wickeln sie in Pergamentpapier, das wir mit Bindfaden verschnüren.
Auf einem Blech backen wir das Päckchen bei milder Hitze ungefähr zwei Stunden lang.«

Wenn ein hoher Feiertag ins Haus steht, besuchen Frau Eléni aus Athen und ihr Mann die greise Mutter, die es als junge Witwe auf die Insel verschlagen hat.
Und dann werden die Freunde zu einem richtigen Festessen eingeladen.

ARNÍ I RYFÁKI LEMONÁTO
Lamm- oder Zickleinbraten

»Dazu nehmen wir das Fleisch von einem halben Tier – oder auch mehr, je nach Anzahl der Gäste. Wir reiben es mit Öl, Zitronensaft und Oregano ein. Dann zerstoßen wir drei oder vier Knoblauchzehen, mischen sie mit Salz und Pfeffer und auch Oregano, stechen das Fleisch an verschiedenen Stellen an und füllen diese Mischung in die Öffnungen.
Wir schälen ungefähr zwei Kilogramm Kartoffeln, zerteilen sie und bestreuen die Stücke mit Salz, Pfeffer und etwas Oregano und träufeln den Saft von zwei Zitronen darüber.
Die Kartoffeln legen wir mit dem Fleisch auf ein Backblech mit hohem Rand, gießen 2 Tassen Öl darüber und braten alles etwa 2 1/2 Stunden im Backofen bei ungefähr 250 Grad.«
Gutes Gelingen und guten Appetit
wünscht Eléni Douniá.

Wenn die Frau Nachbarin aus Imerovigli die »Kuttelstäbchen« als »Sgardoumia« bezeichnet, dann kennt sie Frau Maro aus Messariá von ihrer Oma eher unter der Bezeichnung »Gardoùbia« – und ein bisschen unterscheiden sich die beiden Zubereitungsarten schon …
Hier sind also nach Art von Frau Maro die:

GARDOÙBIA
oder Kuttelstäbchen

»Wir nehmen dazu alles an Innereien z. B. Kutteln und Därmchen vom Lamm. Wir waschen sie sehr gut und schneiden sie in Stücke. Wir pflücken kleine Ästchen vom Rosmarinstrauch und stecken die Stücke darauf – wie man's auch beim Souvlaki macht.
Dann umwickeln wir sie mit den Därmchen und legen sie in das Tiegelchen mit Wasser und kochen sie weich. Und wenn sie gar sind, binden wir's mit Ei ab … oder eher: wir binden's mit Ei und Zitrone (die wir miteinander verquirlen).«
Ja, und dann: Guten Appetit!,
wünscht Smarágda Foustéri.

ΓΗΡΔΟΥΜΠΑΚΙΑ.

πέρνωμε κοιλιά αρνιού καί αντεράκια.
τά πλένουμε καλά καί κοβουμε τη
κοιλιά σε μικρά κομάτια
πέρνωμε ξυλαράκια από δεντρο
λίβανο μικρά

καί τά πέρναμε
στα ξυλαράκια
τα κομάτια όπως τά σουβλάκια
καί κατόπι τά δένωμε με τά αντε-
ρακια καί μετά τα βάζωμαι στο
ντεντζεράκι με το νερό καί τα βράζωμε
καί αφού βράσουν τά αυγοκοβουμε
κατόπι το αυγοκοβουμε με
λεμόνι κί με αυγό καί
με το καλή όρεξη

Σμαράγδα Φουστέρη

Für ein Schneckenragout muss man sich Zeit nehmen, denn die Schneckchen auf der Insel sind klein und man sollte schon eine Menge davon nach dem Winterregen einsammeln.
Dann werden sie drei Tage lang auf Brotkrumen gemästet, bis die pflanzlichen Bitterstoffe ausgeschieden sind. Und falls man sie bis dahin nicht bereits als Haustierchen betrachtet, kann man sie kochen.
Das Sammeln besorgt für Yerasimina, die Lehrerin, der Herr Papa. Das Mästen die Frau Mama. Das Kochen die Frau Lehrerin. Und das Schlemmen übernimmt Ehemann Markos mit seinen Freunden.

KARAVÓLI ME KREMMÝDIA
Schneckenragout mit Zwiebeln

1 Kilogramm Schnecken (in Frankreich auch »Petits Gris« genannt)
750 Gramm Zwiebeln
1 Tasse Öl
1 Esslöffel Tomatenpüree
Lorbeerblatt, Pimentkörner
Salz und Pfeffer

»Zuerst koche ich die Schneckchen in Wasser – das Wasser gieße ich weg. Dann gebe ich in einen großen Topf das Öl und die grob geschnittenen Zwiebeln zum Andünsten. Nun kommen die abgetropften Schnecken dazu und werden kurz angebraten. Das Tomatenpüree verrühre ich mit etwas Wasser, gieße es dazu und gebe alle Gewürze in den Topf, Pfeffer und Salz nach Geschmack. Dann gieße ich noch die entsprechende Menge Wasser an – damit mir nichts anbrennt, und lasse die Schnecken kochen, bis alle Flüssigkeit eingedampft ist.«

Gemüsegerichte

KOLOKYTHÓPOULA
Gefüllte Zucchiniblüten

»Für jeden Esser nehmen wir drei bis vier Blüten, die wir möglichst frisch im Garten gepflückt haben. Wir waschen sie, lassen sie etwas abtropfen und bereiten die Füllung vor:
Entsprechend der Blütenanzahl brauchen wir Reis, Zwiebel, Petersilie, Minze, Salz und Pfeffer, etwas Zimt und eine Tasse Öl (in dem wir alle Zutaten andünsten, bis die Flüssigkeit verdampft ist). Wir füllen damit die Blüten wie Tütchen und legen sie in einen Topf mit Wasser, das die Blüten knapp bedecken sollte. Wir lassen die Blüten etwa 15 Minuten lang sanft köcheln.«
Die fleißige Hausfrau Georgia Pasári, die das Rezept genauso aufgeschrieben hat, gehört zu den bewundernswerten Wesen, die das Füllen der recht widerspenstigen Blüten mit der gleichen Behändigkeit vornehmen, wie diese später von ihrer Familie verspeist werden.

Κολοκυθόφουλα Γεμιστά

Παίρνουμαι τον ανθό της κολοκυθιάς τα πλένουμαι και τα
προετοιμάζουμαι τη γέμιση Ανάλογα τα κολοκυθόφουλα βάζουμαι
και ρύζι κρεμμυδάκι, μαϊντανό δυόσμο πιπέρι λίγη κανέλα αλάτι,
με ένα φλιτζάνι λάδι τα γεμίζουμαι τα οποία είναι σαν χωνά
μια και τα στιβάζουμαι στην κατσαρόλα λίγο νεράκι και
τα βράζου περίπου 15 λεπτά είναι ένα ωραίο και νόστιμο
φαγητό. Το οποίο κρατά και την παράδοση της
Σαντορίνης

Γεωργία Πάσαρη

Wenn im Mai die Weinblätter an den Reben schon groß genug, noch zart genug, und vor allem noch nicht gespritzt sind, lässt sich keine rechte Santoriner Hausfrau die Zubereitung von gefüllten Weinblättern entgehen.

DOLMÁDES
Gefüllte Weinblätter nach Santoriner Art

»Wir pflücken die Weinblätter von den Reben. Wir waschen sie und kochen sie in Wasser 10–15 Minuten.
Die Füllung bereiten wir aus Zwiebel, Reis, Öl, Dill, Minze, Salz und Pfeffer. Wir dünsten alles zusammen und wenn es soweit ist (also die Flüssigkeit eingedampft ist), nehmen wir die Blätter nacheinander, füllen sie mit der Masse und legen sie in einen Topf. Wir gießen etwas Wasser und Öl darüber, legen einen Teller darauf, damit sie sich nicht lockern, und lassen sie auf ganz kleiner Flamme in etwa einer halben Stunde garziehen.
Sie sind ein nicht alltäglicher Imbiss und schmecken sehr, sehr lecker!« – schreibt Nikie Nomikou und ist betrübt, dass der Mai noch nicht gekommen ist, denn die kaufbaren Weinblätter in Salzlake verwendet sie als echte Santorinerin nicht gerne.

Den Satz, dass sauer lustig mache, kennt man hier nicht. Aber wenn Yerasimina und Markos mit Gästen beim Ouzo, dem Anisschnaps sitzen, geht es allemal lustig zu, vor allem, wenn Yerasimina dazu ihre kleinen, sauer eingelegten Auberginen in die Mitte stellt.
Und Humor braucht sie schon, die junge Frau Lehrerin.

MELINZANÁKIA XYDÁTA
Sauer eingelegte Auberginchen

»Ich wähle kleine weiße Auberginen aus. Den Stielansatz entferne ich, dann wasche ich sie und blanchiere sie zwei Minuten lang in kochendem Wasser.
Ich lasse sie abtropfen und abkühlen. In einem Schüsselchen vermische ich Salz und Pfeffer und in einem anderen Knoblauchzehen, Lorbeerblätter, Pimentkörner und Stängel von Staudensellerie.
In jede Aubergine mache ich zwei tiefe Einschnitte, die ich mit der Salz-Pfeffer-Mischung, Lorbeer, Knoblauch und Piment fülle.
Mit einem Selleriestängel verschließe und umwickle ich jede einzelne Aubergine und schichte sie in ein Glasgefäß.
In der Zwischenzeit koche ich die entsprechende Menge Essig mit Gewürzen (Lorbeer und Piment) auf und wenn er abgekühlt ist, gieße ich ihn in das Gefäß bis die Auberginen ganz bedeckt sind. Die Auberginen begleiten Hülsenfruchtgerichte und alle Arten von Ouzo-Beigaben.«

"Η ΤΡΥΠΑ"
2.2.02
Santorini

SESKOULOKEFTÉDES
Mangold-Puffer

»Wir nehmen einige Mangoldblätter, zwei Gemüsezwiebeln, 2 Frühlingszwiebeln mit Grün und 2–3 Tomaten. Dann noch Salz, Pfeffer, etwas Piment, geriebenen Käse und Mehl, entsprechend der Teigmenge, die wir damit binden.
Wir schneiden die Mangoldblätter, die Zwiebeln und die Tomaten sehr klein. Dann fügen wir die Gewürze und das Mehl zu (es sollte nicht zu viel sein, nur die Zutaten binden) und verkneten alles miteinander.
Wir erhitzen Öl und braten darin nacheinander die Masse zu Puffern.«
Evangelía Kafoúrou nimmt davon gerne einige zur Stärkung mit, wenn sie sich hin und wieder bei Sonnenaufgang mit einer Nachbarin auf den Schwindel erregenden Weg zum Skaros-Felsen begibt, um dort im Kirchlein hoch über dem Abgrund die Kandelaber und Ikonen abzustauben.

Der Artémis Nomikós, genannt ›Barba Artémis‹ liebt seine geschmorten Auberginen mit einer wuchtigen Beigabe von Knoblauch:

MELINZÁNES STYFÁDO

Geschmorte Auberginen

»Wir schlitzen die Auberginen längs auf. Wir vermischen Salz und Pfeffer und pro Aubergine 2 mittelgroße Knoblauchzehen (gehackt). Diese Mischung streichen wir in die Auberginen. Zusammen mit Kartoffelstücken und kleingeschnittenen Zwiebeln braten wir die Auberginen in Öl an. Dann gießen wir eine dicke Tomatensoße daran und schmoren alles bei normaler Hitze weich.«

ΜΕΛΗΤΖΑΝΕΣ ΣΤΗΦΑΔΟ

Σχίζομε τσλαγίως τις
Μελιτζάνες ανεκατέυομε της
αλάτι πιπέρη και και σκελίδια
σκόρδο σε καθε μελιτζάνα
μαζη με τό αλατοπίπερο δυο μέτρια σκελιδια
σκόρδο

τις Βάζομε στη Κατσαρόλα και τσιγαρίζοντε μαζί και της
ντοματες και και τό κρεμίδη κατόπη ρίχτης και τή σάλτσα
τους ΜΕ κανονική φωτιά
και μαγυρεούντε

Αρτέμιος Ν[illegible]

Wenn Frau Stella, die Lehrerin, nicht gerade ihre ABC-Schützen unterrichtet, oder im Laden ihres Mannes steht, dann kocht sie für ihre Familie gerne, was die Jahreszeit gerade so hervorbringt. Nach den ersten Regenfällen im Spätherbst können es die aromatischen Pilze sein, die man auf der Insel »Moskomanites« und »Glystrites« nennt. (Wir können Wiesenchampignons oder Steinchampignons verwenden.) Und so macht sie die

MANINTÁRIA ME SALTSA
Pilze in pikanter Soße

Sie nimmt:

- 2 Zwiebeln
- 1 Tasse Olivenöl
- 500 Gramm frische Pilze
- 1/2 Tasse Weinessig
- Salz und Pfeffer
- einige Pimentkörner
- etwas gemahlenen Zimt
- 1 Esslöffel Tomatenmark – aber keinesfalls Wasser!

Die Zwiebeln reibt sie fein in einen Topf und lässt sie in Öl glasig dünsten. Sie gibt die gewaschenen und geputzten Pilze dazu und lässt sie unter Rühren sanft mitschmoren. Dann löscht sie mit dem Essig ab, rührt die Gewürze und das Tomatenmark ein, und lässt alles auf ganz kleiner Flamme ungefähr 1 Stunde lang köcheln.

Diesen Imbiss serviert Frau Stella am liebsten mit frischem Weißbrot bei einer Weinprobe vom Neuen »Nychtéri« ihres Mannes.

H. Bauerle
Imerovigli 2001

Der Herr Artemios, den sie alle Barba (Onkelchen) Artemis nennen, hat vier Töchter, vier Schwiegersöhne und ebensoviele stattliche Weinfässer, die er jedes Jahr mit grosser Sorgfalt selbst füllt und mit grossem Genuss im Kreise seiner Familie und Freunde leertrinkt.
Dazu liebt er einen handfesten Imbiss, der auch schön Durst macht. Unter seinen Favoriten sind da auch

ROTE BETE (Patzária)
MIT KNOBLAUCHCREME (Skordaliá)

Und die macht er höchstpersönlich so:
Die Rote Bete-Knollen wäscht er und entfernt die Stengel und Blätter, hebt sie aber auf.
Dann kocht er die Knollen weich und gibt gegen Ende noch ein paar der Blätter dazu. Dann schüttet er sie ab und stellt sie zum Abkühlen beiseite. Inzwischen bereitet er die

KNOBLAUCHCREME

Dazu weicht er dunkles Brot ohne Rinde in Wasser ein und schält eine (Un-)menge Knoblauchzehen. Die gibt er in einen Holzmörser und zerreibt sie. Dann gibt man das ausgedrückte Brot in kleinen Mengen dazu und giesst, während er alles zerstampft, tropfenweise so viel Olivenöl daran, bis alles schön cremig ist.

Diese „Skordaliá" gibt er auf Tellerchen und giesst noch etwas Öl darüber.

Die Roten Bete schält und zerschneidet er und verteilt sie auf Teller.

Dazu nimmt sich jeder von der Knoblauchcreme soviel er mag.

Die Kapern

Wo ging denn uns're Nachbarin
Jorgla schon so frühe hin?

Gemach, ihr Leute, kein Palaver!
Sie ging ja nur, den Kandelaber
Am Grab des Sel'gen anzuzünden.
Zum ›Gott verzeih' ihm die paar Sünden‹.

Wo blieb sie denn bis abends zehn?
Hat keine Seele sie gesehn?

Mein Gott, Sie war halt Kapern pflücken!
Nix anderes kann Sie entzücken.
Statt Leibchen stricken, Deckchen sticken
Da geht Jorgía Kapern pflücken.

Und fragt ihr jetzt: die ganze Nacht?
Wo war sie? Was hat sie gemacht?
Ein Schuft, der Schlimmes dabei denkt,
denn was hat ihren Schritt gelenkt?

Mein Gott, Sie war halt Kapern pflücken!
Nix anderes kann Sie entzücken.
Statt Leibchen stricken, Deckchen sticken,
da geht Jorgla Kapern pflücken.

Und als sie morgens wiederkehrte,
da war so was, was sie verklärte.
Sie sagte heimlich und voll Freude:
»Nein, das war heute eine Beute!

Ich war da nämlich Kapern pflücken!
Nix anderes kann mich entzücken.
Statt Leibchen stricken, Deckchen sticken,
da geh' ich lieber Kapern pflücken!«

Ποῦ πῆγε τὸ κορίτσι, ἡ
Καλή μας ἡ Γεωργία
Μὲ κέφι τὸ πρωὶ πρωὶ
Ρωτοῦν μὲ ἀγωνία.
Ἐπῆγε τὰ προσκυνηθῆ
Γιὰ τὸν συγχωρεμένο
Μὲ φλόγα
τὸ καντήλι 'κεῖ
Ν' ἀφήση αναμένο.
Τὸ μεσημέρι ἄργησε
Νὰ μᾶς γυρίση πίσο.
Οὔτε τὸ βράδυ γύρισε
Καὶ θα σᾶς ἀπαντήσω :
ΕΒΡΗΚΕ ΚΑΠΑΡΟΚΟΥΠΑ !
ΚΑΙ ΚΑΠΑΡΟΚΟΥΠΑΛΛΑΛΑ !
ΚΑΙ ΤΑ ΛΟΙΠΑ ΛΟΙΠΑΛΛΑΛΑ !
ΠΟΙΟΣ ΞΕΡΕΙ ΚΑΙ ΤΙ ΑΛΛΑΛΑ !
Μὰ τὸ κορίτσι ἡ
Καλή μας ἡ Γεωργία
Καὶ νύχτα οὔτε νὰ φανῆ,
Καὶ ξέρεις τὴν αἰτία ;
ΕΒΡΗΚΕ ΚΑΠΑΡΟΚΟΥΠΑ !
ΚΑΙ ΚΑΠΑΡΟΚΟΥΠΑΛΛΑΛΑ !
ΚΑΙ ΤΑ ΛΟΙΠΑ ΛΟΙΠΑΛΛΑΛΑ !
ΠΟΙΟΣ ΞΕΡΕΙ ΚΑΙ ΤΙ ΑΛΛΑΛΑ !
Καὶ τὸ πρωὶ ἐγύρισε
Μὲ κέφι ἡ Γεωργία.
Κρυφὰ κρυφὰ ψιθύρισε
Ἐμένα τὴν αἰτία :
« ΕΒΡΗΚΑ ΚΑΠΑΡΟΚΟΥΠΑ !
ΚΑΙ ΚΑΠΑΡΟΚΟΥΠΑΛΛΑΛΑ !
ΚΑΙ ΤΑ ΛΟΙΠΑ ΛΟΙΠΑΛΛΑΛΑ !
ΠΟΙΟΣ ΞΕΡΕΙ ΚΑΙ ΤΙ ΑΛΛΑΛΑ !
H. B.

Die Bauern sagen:

»Besser Windstärke 8 von richtigen Saubohnen als von Norden.«

Elenis Saubohnen sind goldrichtig und hier ihr Rezept dafür:

GÍGANTES
Elenis Saubohnen

»Wir verlesen die getrockneten Bohnen (Gígantes) und geben sie über Nacht in Wasser, damit sie schneller weich werden.
Dann tun wir sie in einen Topf, bedecken sie mit Wasser und lassen sie weichkochen.
Dann schütten wir das Wasser ab. Wir putzen reichlich Zwiebeln, schneiden sie in Scheiben, geben sie mit dem entsprechenden Öl aufs Feuer und rösten sie hell an.
Dann geben wir (geschälte, zerdrückte) Tomaten dazu, und Karotten, gehackte Sellerieblätter, Pfeffer und Salz und lassen's kochen. Dann schütten wir die Bohnen hinein und lassen sie mitkochen, bis alles sämig ist.«

Vothonas
Ag. Anna, 21.1.02
(Ag. Maximos)

Eigentlich hat jeder Santoriner seinen Spitznamen, mit dem man ihn vom Familiennamen irgendeines Vetters farbig oder deftig unterscheidet. – Schmeichelhaft sind die wenigsten davon: Wer heißt schon gerne ›Wanzenschänder‹, ›Penisel‹ oder ›Krummpo‹? Und als Ehefrau wiederum ›Wanzenschänderin‹, ›Peniselin‹ und prächtiger ›Krummpöin‹?

Da haben Frau Irinis Mann und Söhne schon Glück gehabt, denn ihr Beiname ›Meraklies‹ bedeutet etwa soviel wie ›Prachtskerl‹.

Und für diese Familie voller Prachtskerle kocht Frau Irini ein Essen:

ANGINÁRES AVGOLÉMONO
Artischocken in Zitronensoße

»Wir dünsten eine große, in Scheiben geschnittene Zwiebel leicht an. Wir geben die Artischocken dazu (die geputzten Böden) und dünsten sie mit den Zwiebeln zusammen an und gießen 3 Gläser Wasser hinein.
Wir schneiden 3–4 Karotten in Stücke, tun dann Dill, Salz, Pfeffer und Lorbeer dazu, und dann noch 1 Kilo Erbsen und lassen alles zusammen kochen. – Wenn wir wollen, tun wir auch ein paar geviertelte Kartoffeln hinein.
Wenn sie gar sind, verschlagen wir ein Ei, zuerst das Eiweiß, dann geben wir das Eigelb dazu, dann den Saft von 2 Zitronen und dann noch etwas Brühe von dem Gericht und das alles gießen wir unter Rühren in den Topf.«

Irini Drosou

Die grob zerstoßenen gelben Fawa-Erbsen, die auf Santorin angebaut werden, verkauft Frau Margarita mit ihrem Mann Manolis gleich sackweise in ihrem Laden.

Das Santoriner Nationalgericht macht Margarita zu Hause so:

FAWA
Erbsbrei

Sie nimmt 500 Gramm Fawa-Erbsen, verliest sie und wäscht sie gut. Dann lässt sie diese zusammen mit 2 kleinen, fein gehackten Zwiebeln und 7 Tassen Wasser in einem Topf etwa 1 Stunde lang – ohne umzurühren – musig zerkochen.
Sie rührt 2 Mokkatassen voll gutem Olivenöl unter den Erbsbrei, salzt und pfeffert ihn und lässt ihn eine weitere halbe Stunde köcheln.
Falls nötig, passiert sie alles durch ein feines Sieb und verteilt den Brei auf Teller. Sobald die Fawa abgekühlt und dicklich geworden ist, beträufelt sie das Gericht mit ein wenig gutem Olivenöl und gibt eventuell noch einige Tropfen Zitronensaft und fein gehackte Zwiebel darüber und bringt die Fawa zu Tisch.

Φάβα.

Καθαρίζετε κ. πλένετε μισό κιλό φάβα τη βάζετε σε κατσαρόλα με 2 μικρά κρεμμύδια ψιλοκομμένα κ. 7 φλυτζάνια τσγ. νερό. Την αφήνετε έτσι να βράσει επί 1 ώρα χωρίς να ανακατεύετε. Προσθέτετε 2 φλ. του καφέ λάδι, αλάτι, πιπέρι. Βράζετε έτσι για μισή ώρα ακόμα.
Αν χρειαστεί την περνάτε από το μύλο των χόρτων κ. κατόπιν σερβίρετε στα πιάτα. Όταν κρυώσει η πήχτη ρίχνετε επάνω λάδι, (λεμόνι κρεμμύδι), προαιρετικά.

Μαργαρίτα Ρενιέρη.

REVYTHOKEFTÉDES
Bratlinge aus Kichererbsen

Eine Santoriner Spezialität

1/2 Kilogramm Kichererbsen
1 mittelgroße Zwiebel
1 Knoblauchzehe
1 Stängel Petersilie, 1 Stängel Minze
Salz und Pfeffer
1 Esslöffel Tomatenmark
1 Esslöffel Zimt
Mehl zum Binden der Bratlingsmasse

»Wir weichen die Kichererbsen etwa 12 Stunden lang in Wasser ein.
Dann mahlen wir sie, sodass ein Brei entsteht. In einer Schüssel vermengen wir diese Kichererbsenmasse mit der gehackten Zwiebel, der zerdrückten Knoblauchzehe, den fein geschnittenen Kräutern (falls keine frischen vorhanden sind, kann man auch getrocknete Kräuter nehmen), den Gewürzen, dem in etwas Wasser aufgelösten Tomatenmark und so viel Mehl, wie für eine gute Bindung nötig ist – der Teig muss sich vom Löffel lösen.
In einer Pfanne erhitzen wir Öl, stechen kleine Bratlinge vom Teig ab – die wir etwas flachdrücken und braten hintereinander alles schön goldbraun.«
Gutes Gelingen wünscht Evangelía Mindrinóu.

Nachtisch

Für die Milchgewinnung sind hier in aller Regel die Ziegen zuständig, die auch noch an den steilsten Hängen ein paar Disteln finden und die Blätter eines Feigenbaumes für den Gipfel aller Genüsse halten.
Die Besitzer einer Ziege wiederum halten den morgendlichen Becher voll warmer Ziegenmilch für einen Genuss, und auf ihren hausgemachten Ziegenkäse schwören sie!

Werbespruch im Supermarkt:
»Besser ›Schafskäse‹ von glücklichen deutschen Kühen als von traurigen türkischen Ziegen.«

Frau ›Katinas‹ Ziegenkäse ist garantiert von den Ziegen ihres Vaters und glücklich sind sie offenbar auch.

CHLORÓ
Frischkäse aus Ziegenmilch

»Um das Treibmittel für die Gärung des Käses herzustellen, brauchen wir das Lab (Magenferment) von einem frisch geschlachteten Zicklein, das wir herausnehmen und in 2 Liter Ziegenmilch legen, damit sie gerinnt und wie Joghurt wird.
Dann schütten wir alles in ein Tuch und lassen es gut abtropfen. Die Masse kommt dann in ein geflochtenes Körbchen oder Sieb, womit der Käse seine Form bekommt.
Die Molke, also das Abgetropfte vom Käse, tun wir in eine Schüssel und legen ein Stückchen Lab hinein. Das bewahren wir für die Herstellung von weiterem Käse auf. In 2 Liter Milch geben wir dann 4 Esslöffel von der Labmolke, die ein wenig trüb sein muss.«

Katerina Drósou

Χλωρό τυρί

Για να φτιάξουμε τη μαγία για το χλωρο παίρνουμε τη πυθια από το κατσικάκι. όταν το σφάξουμε και το ξυράνουμε και με αυτό κόβουμε. λίγο και το βγάζουμε σε 2 κιλα γάλα και μ'αυτο πάσει γίνεται σα γιαούρτι. Και το βάζουμαι σε ένα τουλάκι για να στραγγίσει καλα, μετα το βάζουμε στο τουρατηρι και παίρνει τη φόρμα και γίνεται το χλωρό

Το τσίρο που τραγκισει από το χλώρο το βάζουμε σε μια γκαλα. και κοβουμαι λίγο πυθια και το αφεινουμε. οσα το χρειαστούμε φτιαζουμε χλωρο σε 2 κιλα. Η κουταλιές της σουπας το γαλα και να ειναι λιγο χλιαρω.

Κατερίνα
Ελ.
Δρόσου

»Ein Mädchen mit vielen Verehrern, trägt mit Sicherheit das Knöchlein einer Fledermaus versteckt bei sich«, so sagt der Volksmund. Frau Margarita weiß es besser: »Ein junges Mädchen, das eine richtige Moustalevría, einen Pudding aus frischem Traubenmost, machen kann, hat mindestens ebenso viele Chancen!« Und deshalb hat sie ihrer Enkelin beizeiten das Rezept diktiert:

MOUSTALEVRÍA
Pudding aus frischem Traubenmost

»Wir nehmen 5 Gläser Traubenmost, 1 Glas Mehl, 1 Löffelchen Orangenblätter, etwas gemahlenen Zimt und gerösteten Sesam und, wenn du magst, gehackte Mandeln. In den Traubenmost geben wir ein bisschen Rebenasche rein. Dann seihst du die Asche ab, bevor du den Most zum Kochen aufsetzt.

Nach dem Kochen lässt du ihn eine Nacht lang stehen. Am nächsten Tag seihst du ihn durch ein Tuch ab und kochst den Mostpudding davon.«
Den Sesam, die Mandeln und den Zimt nimmt Margarita Nomiko zum Bestreuen des Puddings und wünscht außer gutem Gelingen auch, falls bis jetzt ausgeblieben, eine »Gute Partie«.

CHALVÁS
Grießpudding

1 Glas Öl, 2 Gläser Grieß
3 Gläser Zucker, 4 Gläser Milch mit Wasser

Wir erhitzen das Öl.
Dann schütten wir den Grieß hinein und lassen ihn leicht bräunen. Darauf geben wir den Zucker und die Milch dazu und lassen's köcheln.
Wenn's dann fertig ist, gibst du es auf eine Platte, und streust Zimt darüber.

Falls wir's mögen, geben wir noch geröstete, gehackte Mandeln oder Walnüsse darüber.

Marketoúsi Preka

Χαλβάς
1 ποτήρι λάδι
2 ποτήρια σιμιγδάλι
3 ποτήρια ζάχαρι
4 ποτήρια γάλα με νερό
Εκτέλεση
Κάβομε το λάδι μετά ρίχνομε
το σιμιγδάλι το καρβουνιάζομε
λίγο μετά ρίχνομε το γάλα
με τη ζάχαρι βρασμένη
και είναι έτοιμο το βάζομε
σε φορμίτσα και ρίχνομε από
πάνω κανέλα εάν
θέλομε βάζομε και αμύγδαλα
ή καρύδια καβουρδισμένα
σε μικρά κοματάκια
Μαρκετούσι Πρίκα

Wenn im August die Feigen reifen, bereiten die Frauen für die Wintertage eine kleine Spezialität vor, die sie »Sykopädes« nennen. Frau Georgia hat hier das überlieferte Rezept aufgeschrieben.
Sie nimmt für die

SYKOPÄDES
Feigenhäppchen

Feigen, die sie trocknet, Sesam, Zimt
getrocknete Orangenschale

Wenn die Feigen getrocknet sind, werden sie mit 3 Einschnitten blütenförmig aufgeklappt.

Der Sesam wird mit dem Zimt und der getrockneten (geriebenen) Orangenschale angeröstet.

Dann wird jede geöffnete Feige in die Mischung getaucht und jeweils 2 Feigen zusammengeklebt.

Und zum Schluss werden sie im Ofen gebacken.

Anhang

Die folgenden Fische kann man mit etwas Glück erhalten.
Bei einigen von ihnen ist die Begegnung auf dem Teller
der Begegnung im Meer vorzuziehen.
Heringshai καρχαρίας
Katzenhai σκυλάκι, γάτος
Glatthai γαλέος
Hammerhai πατερίτσα
Dornhai σκύλος
Meerengel άγγελος
Röchen σελάχι
Sprotte παπαλίνα
Hering ρέγγα
Sardine σαρδέλλα
Sardelle γαύρος
Glasauge γουρλομάτης
Eidechsenfisch σκαρμός
Aal χέλι
Muräne σμέρνα
Meeraal μουγγρί
Hornhecht ζαργάνα
Fliegender Fisch χελιδονόψαρο
Merlan, Wittling μπακαλιάρος

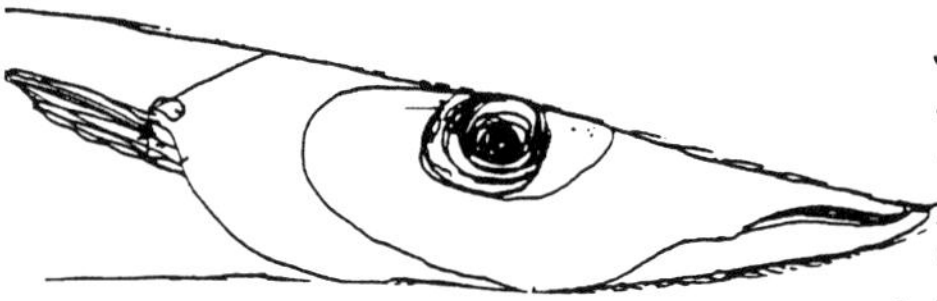

Sechecht	μπακαλιάρος
Kabeljau	μπακαλιάρος
Dorsch	μπακαλιάρος
Lengfisch	πεντίκι
Gabeldorsch	ποντικός

Zehnfinger - SchleimKopf	καλόγρια
Gotteslachs	παρδαλή καλόγρια
Seequappe	γαϊδουρόψαρο
St. Petersfisch	χριστόψαρο
Mittelmeer - Barrakuda	λούτσος
Ährenfisch	ἀθερίνα
Meeräsche	κέφαλος

Wolfsbarsch	λαβράκι
Wrackbarsch	βλάχος
Zackenbarsch	ροφός
Barsch	σφυρίδα
Schriftbarsch	πέρκα
Sägebarsch	χάνος

Zahnbrassen	συναγρίδα
Goldbrassen	τσιπούρα
Sackbrassen	φακρί
Kotbrassen	λιθρίνι
Marmorbrassen	μουρμούρα
Spitzbrassen	μυτάκι
Ringelbrassen	σπάρος
Weissbrassen	

Gelbstriemen	γόπα
Goldstriemen	σάλπα
Oblada	μελανούρι
Streifenbrassen	σκαθάρι

Schnauzenbrassen	μαρίδα, μένουλα
Meerbarbe	μπαρμπούνι
Gestreifte Meerbarbe	κουτσομούρα
Adlerfisch	μαϊάτικο
Blaubarsch	γοφάρι

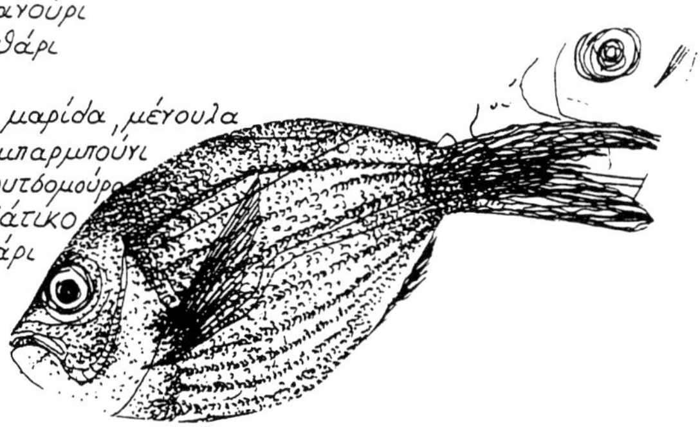

Stöcker, Bastardmakrele σαυρίδι
Bernsteinmakrele μαϊάτικο
Makrele σκουμπρί, κολιός
Lotsenfisch κολαούζος
Gabelmakrele λίτσα
Goldmakrele κυνηγός

Lippfisch χειλού
Meerjunker γύλος

Petermännchen δράκενα
Himmelsgucker λυχνός
Strumpfbandfisch σπαθόψαρο

Pelamide παλαμίδα
Thunfisch τόννος
Schwertfisch ξιφίας
Mittelmeer-Nacktsandaal λουτζάκι
Schleimfisch σαλιάρα
Grundel γοβιός

Drachenkopf σκόρπενα, σκορπίνα
Knurrhahn καπόνι
Seezunge γλώσσα
Glattbutt ρόμβος
Steinbutt καλκάνι
Drückerfisch γουρουνόψαρο
Seeteufel βατραχόψαρο
Meer-Neunauge λαμπρένα

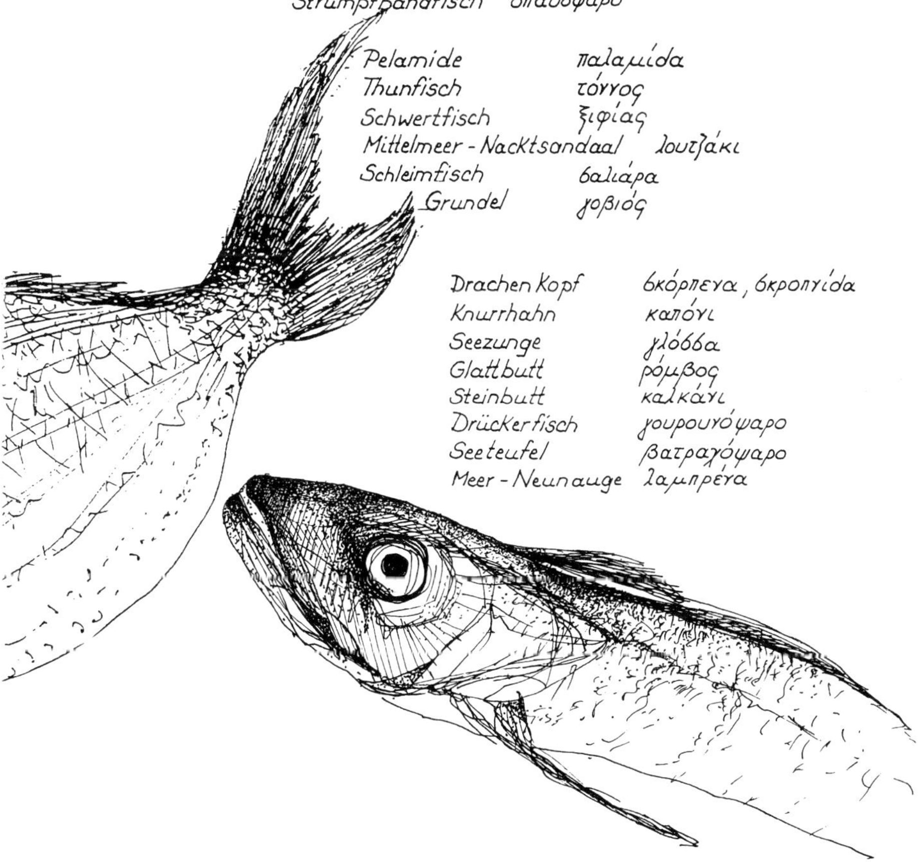

Rezepte